Le bonsaï géant

© 2021, Olivier Maje

Edition : BoD - Books on Demand
12/14 rond-point des Champs-Élysées, 75008 Paris
Impression : BoD - Books on Demand, Norderstedt, Allemagne

ISBN : 9782322266852

Dépôt légal : Mars 2021

Olivier Maje

Le bonsaï géant

Approche poétique de la musicothérapie

Est-ce la musique ou la thérapie qui m'a mené ici ? Sans doute les deux, car sans la seconde, je n'aurais peut-être pas découvert la première. En fait, je n'ai pas découvert la musique, c'est elle qui m'a découvert, qui m'a ouvert, tout simplement. Ouvert aux autres, à moi-même, aux beautés de la vie, aux rythmes de la vie.

Alors, j'arrive ici, au croisement de mes routes, pour explorer la musicothérapie. Je l'avais déjà approchée, sans le savoir, à travers la maladie d'Alzheimer qui a emporté ma mère il y a quelques années. Le langage verbal l'avait quittée depuis quelques temps déjà et, n'étant moi-même pas très bavard, j'avais développé une autre manière de communiquer avec elle, en utilisant ma voix chantée pour lui transmettre mes émotions et rentrer vraiment en contact avec elle. Parfois avec les mots, mais souvent sans, je voyais bien qu'elle y était plus réceptive, bien plus réceptive, et qu'elle semblait vraiment ressentir ce que je lui disais.

La musicothérapie proprement dite, discipline qui permet d'ouvrir des canaux de communication en utilisant les éléments sonores, je l'ai vraiment rencontrée plus tard, grâce à Gérard Ducourneau, Jean-Paul Bouceffa et tous les intervenants de l'Ambx (Atelier de Musicothérapie de Bordeaux). Cette musicothérapie qui permet à des personnes atteintes d'autisme ou de la maladie d' Alzheimer, parmi d'autres, de vivre mieux, j'aimerais vous en parler en utilisant la poésie, car elle a toujours été pour moi un moyen d'expression privilégié, car elle porte la musique en elle et que je la situe volontiers quelque part entre le langage verbal et le non-verbal.

Je vous propose donc, à travers ces quelques poèmes, de partager de manière sensorielle ma découverte de l'univers de la musicothérapie.

Comme un bonsaï géant
J'ai envie de grandir
Mais l'écorce est trop serrée
L'écorce est trop serrée
Alors je tire sur mes hanches
Je tire sur mes branches
Et qui sait
Qui sait
Qui sait
Un jour …
Je pourrais même fleurir
Je pourrais même fleurir

Est-ce que quelqu'un me voit ?
Est-ce que quelqu'un m'entend ?
J'aimerais sortir de là
Mais je n'sais pas comment

Il me faudrait des ailes
Il me faudra du temps
De l' amour à la pelle
De la rage et du vent

Est-ce que quelqu'un me voit ?
Est-ce quelqu'un m'entend ?
Si tu me donnes un LA
Est-ce que je le comprends ?

La vie semble si belle
Au dehors du dedans
La vie semble si belle
Je viens si tu m'attends

Laissons faire le temps

Si le vent souffle fort
Si la corde s'enivre
Et que le bois résonne

Si le malheur a tort
Si nos coeurs se livrent
Et que l'air nous pardonne

Laissons faire le temps

Si l'espoir n'est pas mort
Si l'on oublie le pire

Si l'amour est de l'or
Et ton âme un empire

Laissons faire le temps
Laissons faire le temps

La sieste

Allongé sous un saule
Au bord de la rivière
Je laisse aller mes rêves

Le glissement de l'eau
Qui caresse la pierre
Me régale une trêve

Les ondes mélomanes
Se mêlent aux prières
Au coeur de la sève

Et me livrent aux délices
D'une absence éphémère

La lueur

Suivre les signes
Les liens et les détours
Croiser les lignes
Dessiner les contours

Ouvrir le champ
De tout ce qui détonne
Pour voir en grand
Le devenir qui sonne

Calmer la peur
Faire confiance à l'envie
D'une lueur
Construire un infini

C est magique le bruit que fait un livre
Le papier qui frotte
Les pages que l'on tourne

Le voile se soulève
Le monde est à l'envers
Mais je l'aime quand même

Je veux goûter la sève
Du matin qui se perd
Aux parfums que l'on sème

Le monde est à l'envers
Mais je l'aime quand même
Au jour qui se lève

Je veux voir au travers
De l'infini dilemme
Je marche ou bien je crève

A l'abri de quoi ?
A l'abri des hommes ?
Du chaos ?

A l'abri de toi ?
Des pensées qui dorment ?
Des barreaux ?

A l'abri des heures ?
A l'abri des traces ?
Des erreurs ?

A l'abri des pleurs
Qui parfois s'effacent
En douceur

Un pas après l'autre
Un geste après l'autre
Un regard

Une larme après l'autre
Un rire après l'autre
Une histoire

Un pas avec l'autre
Un geste avec l'autre
Des regards

Une larme avec l'autre
Un rire avec l'autre
Notre histoire

C'est un droit, une essence
Une source, une chance
Un combat, une danse

La différence

La note bleue 19

Une note bleue
Pour voir la vie en rose
Accepter le chagrin
Pour passer le morose

Une note bleue
Pour la fleur que j'arrose
Retrouver le chemin
Et souffler la névrose

Une note bleue
Qui vient prendre la pose
Ou qui te prend la main
Quand la porte reste close

Une note bleue
Qui se fout de la dose
Nous ramène au serein
Et nous livre à l'osmose

Libère moi

Sur un fil j'avance
A tâtons je devance
Au dessus de l'abîme
Je te sens te devine

Tu sembles si fragile
Et si fort à la fois
Des émotions d'argile
Sur des pensées de bois

Il me tarde de lire
Les rêves que tu caches
A l'ombre d'un soupir
Ou d'un cri que tu lâches

Tu verras mon enfant
Si tu ouvres les bras
Le monde est bien plus grand
Et il n'attend que toi

Le silence

Le silence est un roi
Un monde, une naissance
Chaque son qu'on envoie
Se livre à son essence

Le silence est un dieu
Car on ne le voit pas
Il nourrit chaque lieu
Révèle chaque voix

Le silence est un sage
Il repose l'esprit
Et se donne en partage
Au secret de nos nuits

Les larmes de joie ne mentent jamais

Déposer les amarres
Au son d'un inconnu
Se livrer au regard
D'une âme mise à nue

Laisser la note aigüe
Briser mon air hagard
Et naviguer à vue
Jusqu'à trouver le phare

Découvrir un chemin
Où pousse l'incertain

Brûler les habitudes
Et les secrets de pierre
Plier la solitude
Et puis se laisser faire

Laisser faire la mer
Et ses sollicitudes
Que viennent les hivers
Et les humeurs moins rudes

Découvrir une route
Où fleurissent les doutes

Le son des tambours

Je me souviens très bien du son de ces tambours
Au fond de ma caverne, avant de voir le jour
De ces palpitations qui papillonnaient là
A l'abri de nos veines, à l'abri de nos voix

J'en ai passé des heures à compter les secondes
A regarder la neige, à refaire le monde
A ne plus trop savoir, ni pourquoi ni comment
J'en suis arrivé là et qui j'étais avant

Et soudain te voilà, sous ta robe légère
Délicieuse invitée de mes nuits éphémères
Tu m'as donné la clé, moi qui toujours m'envole
Pour que je plane aussi un peu plus près du sol

Que mes amis se pressent autour de ma table
Et que les jours de liesse ne soient plus une fable
Un jour, je partirai au son de ces tambours
Sur un air joyeux, sans nul autre secours

Je ne suis rien
Je suis le tout
Je suis petit, géant, gourou

Je n'y peux rien
Mais je prends tout
Du simili au manitou

Je ne crains rien
Car je suis fou
Je pleure et je ris jusqu'au bout

Je n'y vois rien
Et je m'en fous
C'est moi qui fait tourner la roue

Notre maison
T'en souviens-tu ?
Qu'est-ce que tu étais belle
Au milieu du salon

Et cette chanson
T'en souviens-tu ?
Nous dansions comme des fous
A perdre la raison

La la la la
La la la la
La la la la la la
La la la la la la

Mon tendre amour
T'en souviens-tu ?

Pas un bruit
Rien
Je n'entends plus rien

Allongé sur le sol
Je respire
Je respire enfin

Sur ma peau, je sais
Sous mes pas, je sais

Soulevé de terre
Par une note exquise
Qui rentre dans mes tripes
A force de mystère

Un coup de maître
Largué sur la banquise
De mon corps qui s'agrippe
Au son qui vient de naître

Ce que je laisse
Aux secrets des balises
Aux mémoires qui se crispent
Aux signaux de détresse

M'emporte ailleurs
Là où s'ouvre le monde
Là où je deviens libre
Là où je deviens moi

Petit à petit tout s'en va, tout fout l'camp
Au fond de moi je sais, je sais que c'est mon fils
Mais cette autre partie de moi ne le reconnait pas
Il pose sa main sur mon front, il n'avait jamais fait ça avant
Il me parle à peine
Peut-être pense t-il que je ne le comprends pas
Et c'est peut-être vrai
Mais je le sens, je le ressens
Je sens sa main sur mon front
Puis il me chante une chanson
Sa voix est tendre, chaude
Pleine d'un amour que je ne connaissais pas
Sa voix est belle, cette mélodie me fait du bien
Je ne sais pas où je suis, mais je me sens déjà
Un peu mieux, un peu moins seule
Et ce lien me ramène à qui j'étais, à qui je suis
Je vis pleinement cet instant suspendu
Entre mon fils et moi
Sa main sur mon front
La chaleur de sa voix me dit bien plus que cette chanson
Jamais je n'oublierai ce moment
Jamais je n'oublierai mon fils

Il y a autant de chemins que d'êtres humains …

Ces enfants qui ne demandent qu'à s'ouvrir, ces grands enfants qui aimeraient tant se souvenir, vivre mieux, dans l'amour et la dignité, vivre, tout simplement.

Ces femmes et ces hommes qui se donnent chaque jour pour les libérer, les soulager, les aider à se construire ou à se reconstruire et les accompagner sur leurs propres chemins.

La musique est partout, à l'extérieur et à l'intérieur de nous. Elle nous aide à vivre dans un monde parfois hostile et compliqué, elle nous permet de rentrer en contact avec ceux qui en ont le plus besoin.

Merci d'avoir partagé avec moi cette approche poétique de la musicothérapie. J'ai laissé, à la fin de ce livre, quelques pages blanches pour vos notes, vos inspirations, vos rêves …

Table des matières

Le bonsaï géant	9
La vie semble si belle	10
Laissons faire le temps	11
La sieste	12
La lueur	13
Le monde est à l'envers	15
La douceur	16
Notre histoire	17
La différence	18
La note bleue	19
Tu verras mon enfant	21
Le silence	22
Découvrir	24
Le son des tambours	25
La roue	26
T'en souviens-tu ?	27
Je respire	28
Ailleurs	29
Sa main sur mon front	30